Xavier Cornette de Saint Cyr

Petit cahier d'exercices pour découvrir ses talents cachés

Illustrations Jean Augagneur

jouvence éditions

Petit Cahier
Sport cérébral du bien-être

Dans la même collection PETIT CAHIER

Petit cahier d'exercices de digital detox, Alia Cardyn, 2015

Petit cahier d'exercices pour mieux s'organiser et vivre sans stress, Christel Petitcollin, 2015

Petit cahier d'exercices pour sortir du jeu victime, bourreau, sauveur, Christel Petitcollin, 2014

Petit cahier d'exercices de stimulation des forces de guérison par l'amour, Anne van Stappen, 2014

Petit cahier d'exercices pour réguler son poids selon les thérapies comportementales et cognitives (TCC), Sandrine Gabet-Pujol, 2014

Petit cahier d'exercices de Communication non verbale, Patrice Ras, 2014

Petit cahier d'exercices pour pratiquer l'EFT, Maria-Elisa Hurtado-Graciet, 2014

Petit cahier d'acceptation de son corps, Anne Marrez & Maggie Oda, 2014

Petit cahier d'exercices de gestion des conflits, Patrice Ras, 2014

Petit cahier d'exercices d'efficacité personnelle, Yves-Alexandre Thalmann, 2014

Petit cahier d'exercices pour être Sexy, Zen et Happy, Christine Michaud, 2014

Petit cahier d'exercices pour évoluer grâce aux personnes difficiles, Anne van Stappen, 2014

Catalogue gratuit sur simple demande

ÉDITIONS JOUVENCE
France : BP 90107 – 74161 Saint-Julien-en-Genevois Cedex
Suisse : CP 89 - 1226 Thônex (Genève)
Mail : info@editions-jouvence.com

ISBN : 978-2-88911-561-7

Couverture et mise en page : Éditions Jouvence
Dessins de couverture et intérieurs : Jean Augagneur

De la chance ou du talent ?

« La chance d'avoir du talent ne suffit pas ; il faut encore le talent d'avoir de la chance », disait Hector Berlioz. Et alors ? Est-ce qu'une telle phrase vous aide ? Si vous décidez que la chance se provoque plus qu'elle ne se trouve, vous vous mettrez en action en considérant qu'elle ne s'attend pas ; il faut aller la chercher.

De proverbes…

« Nul n'est plus chanceux que celui qui croit à sa chance. »

Proverbe allemand

« On a la chance qu'on se fait. »

Proverbe italien

… en citations :

« Les chanceux sont ceux qui arrivent à tout et les malchanceux, ceux à qui tout arrive. »

Eugène Labiche

« La chance est la faculté de saisir les bonnes occasions. »

Général Douglas MacArthur

Quelle est la différence entre un malchanceux et un chanceux ?

Le premier dit : « Il est trop tôt, je ne peux pas », puis déclare : « Il est trop tard, je ne peux plus. »

Le second affirme : « C'est maintenant, je peux et j'y vais. »

Vous voyez que chacun peut décider de croire en quelque chose qui l'aide... ou qui le dessert. Oui, si vous le décidez, vous aurez de la chance, celle de découvrir vos talents cachés !

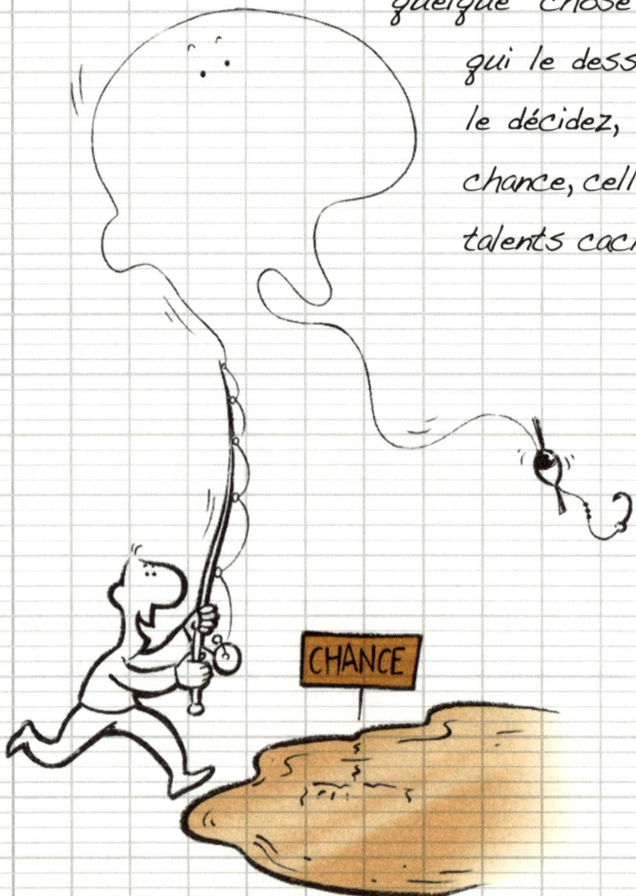

Alors, venez découvrir les moyens de réaliser vos rêves et de donner à votre vie ce petit piment qui en fait toute la saveur et, tout simplement, vous R-É-A-L-I-S-E-R !

Du mot **talent**, on demande souvent de quoi il s'agit, si tout le monde en a, comment les trouver et si l'on peut les perdre ou... les développer ?

On trouve également des « réponses » toutes faites, des a priori : « Moi ? Je n'ai pas de talent ! », « C'est pour les autres », « Si j'avais du talent, ça se saurait ! » Qui d'entre nous n'a pas, un jour, dit ou entendu ce genre de « vérités » ?

Ce livre va vous révéler vos secrets pour vous développer, pour faire mieux, pour que votre vie soit à la hauteur de ce que vous en attendez ! Rien que ça ! Et avant que le doute n'arrive, prenez comme axiome de base que **c'est possible**.

Écrivez en noir, en bleu, en rouge et en vert la phrase suivante :

« J'ai des talents et je vais les exploiter. »

Les points forts de votre vie

Cette échelle ci-dessus résume votre vie.

Notez-y les événements positifs et importants qui l'ont ponctuée, où vous avez été acteur(trice). Ne mentionnez pas de drame ni d'échec. Notez vos **réussites** qui vous ont mis dans une belle énergie et dont vous avez été fier(ère). Soyez concis(e) : une date et quelques mots.

Puis, même si les circonstances ont été différentes, **recherchez le point commun entre toutes ces réussites.** Votre sens de l'effort ? Du défi ? Votre perspicacité ? Votre capacité à vous entourer des meilleures personnes ? Ceux que vous dégagerez sont une constante qui vous appartient en propre dans votre mode de fonctionnement. Notez-les ici, vous y reviendrez plus tard.

–

–

–

–

–

–

–

–

–

Avant de démarrer, testez-vous !

Quelle place accordez-vous à vos talents dans votre vie et dans ce que vous faites ?

Croyez-vous en vos potentiels et souhaitez-vous les utiliser à bon escient ?

Ou considérez-vous plutôt qu'il « suffit » d'avoir des compétences et d'attendre que la chance vous sourie ?... Voyons cela :

Question n° 1. Un talent, c'est :

a. Un don qui me distingue.
b. Quelque chose que je sais bien faire et refaire.
c. Une « grâce » réservée à une élite.
d. Une compétence que j'ai développée.

Question n° 2. Vous estimez qu'un talent…

a. Concerne une aptitude à faire quelque chose et peut intervenir dans plusieurs domaines différents.
b. Peut être utilisé dans un autre domaine si on s'y applique.
c. Intervient au « hasard » dans un domaine quelconque.
d. Se cantonne à un domaine et à un seul.

Question n° 3. Tout le monde a-t-il des talents ?

a. Oui, mais peu en ont conscience.
b. Oui, mais c'est difficile de les repérer.
c. Non, à part quelques « privilégiés ».
d. Non, le talent, ça n'existe pas !

Question n° 4. Si l'on vous dit : « Plus on a de talents, mieux c'est ! », vous pensez :

a. Non, mieux vaut en avoir deux ou trois et savoir les exploiter.

b. Oui, mais encore faut-il connaître ceux qui sont utiles et utilisables.
c. Oui, l'abondance de biens ne nuit pas !
d. Non, ce n'est pas le talent qui compte.

Question n° 5. Il est essentiel, pour s'épanouir, d'améliorer tous ses points faibles !

a. Non, car je ne fais que penser à ce qui « ne marche pas ».
b. Non, ce n'est pas en creusant un défaut qu'on va développer une qualité.
c. Oui, on ne peut pas se satisfaire de la médiocrité.
d. Oui, car réussir sa vie, c'est résoudre ses problèmes.

Question n° 6. Est-il utile de connaître ses points forts et de les développer ?

a. Oui, pour les utiliser avec un effet de levier.
b. Oui, ça renforce mon estime de moi et ma confiance.
c. Non, car mes points forts dépendent trop d'un contexte précis.
d. Non, si j'ai des points forts, ça me suffit et je n'ai pas besoin de les développer.

Question n° 7. Pensez-vous qu'une partie positive de vous-même mériterait d'être révélée ?

a. Oui, de nombreuses choses doivent encore sortir et je pourrais en bénéficier.
b. Oui, cela m'arrive de le penser en certaines occasions.
c. Non, je pense bien me connaître et savoir exprimer tout ce qui est en moi.
d. Non, je ne vois pas à quoi cela pourrait me servir.

Question n° 8. Êtes-vous dans l'attente d'une situation, d'une rencontre qui vous donnera « une chance » ?

a. Oui, j'aimerais bien trouver le « moyen » de me révéler et d'aller plus loin.

b. Oui, pourquoi pas ? Cela me plairait, mais je ne fais rien pour le provoquer.

c. Pas vraiment, je pense que c'est davantage un rêve qu'une réalité possible.

d. Non, je n'attends pas ça, je ne compte que sur moi.

Question n° 9. Durant votre enfance/adolescence, est-ce que votre entourage louait vos aptitudes, vos qualités ?

a. Oui, je me souviens de choses précises.

b. Oui, j'ai quelques souvenirs, mais je ne sais pas quoi en faire !

c. Non, rien de particulièrement frappant ou « exploitable ».

d. Non, absolument rien.

Question n° 10. Aujourd'hui, votre entourage vous révèle-t-il vos aptitudes et qualités ?

a. Oui, et cela m'est très utile pour progresser.

b. Oui, mais j'ai parfois un doute sur la réalité de ces qualités.

c. Non, et si ça arrive, je doute de la sincérité et y vois plutôt de la flatterie.

d. Non, on ne me dit rien et ça ne changerait pas grand-chose.

Question n° 11. Aujourd'hui, vous arrive-t-il de demander à votre entourage de citer quelques-unes de vos aptitudes et qualités ?

a. Oui, j'ai besoin de savoir sur quoi je peux m'appuyer.

b. Oui, j'aime bien savoir qui je suis aux yeux des autres.
c. Non, j'aurais trop l'impression de flatter mon ego !
d. Non, je ne vois pas à quoi ça sert.

Question n° 12. Que vous dites-vous quand vous réussissez bien quelque chose d'important ?

a. Super ! J'ai vraiment des qualités que je peux exploiter.
b. Je suis content(e), mais ferai-je aussi bien une prochaine fois ?
c. Tant mieux ! J'ai vraiment eu de la chance !
d. N'importe qui d'autre aurait pu en faire autant !

Question n° 13. Pour atteindre quelque chose qui vous tient vraiment à cœur :

a. Vous utilisez les qualités, les talents et les compétences que vous possédez et connaissez.
b. Vous pensez que vous y parviendrez en mobilisant vos ressources de manière optimale.
c. Vous faites confiance « à la chance » et… advienne que pourra !
d. Vous vous dites : « Pourvu que ça marche ! » en doutant de votre réussite.

Question n° 14. Vous avez déjà eu une réussite. Voici qu'une situation ou un projet identique se représente :

a. Vous connaissez le processus que vous aviez mis en place et vous le réutilisez.
b. Vous songez qu'ayant réussi une fois, vous allez pouvoir réitérer votre réussite.
c. Vous analysez cette nouveauté comme si elle se présentait pour la première fois.
d. Vous espérez que la chance sera de nouveau au rendez-vous.

Question n° 15. Si vous connaissiez trois ou quatre de vos principaux talents, vous penseriez que :

a. Cela va réellement vous aider à accomplir plus et mieux votre projet de vie.

b. Cela pourrait vous donner un avantage qui vous serait utile en certaines occasions.

c. Cela n'est pas essentiel, mais pourquoi pas ?

d. Cela ne changerait pas grand-chose à ce que vous faites et à la manière de le faire.

Calculez maintenant vos points obtenus. C'est très simple :

Réponse a = 3 points
Réponse b = 2 points
Réponse c = 1 point
Réponse d = 0 point

	a	**b**	**c**	**d**
Question n° 1				
Question n° 2				
Question n° 3				
Question n° 4				
Question n° 5				
Question n° 6				
Question n° 7				
Question n° 8				
Question n° 9				
Question n° 10				
Question n° 11				
Question n° 12				
Question n° 13				
Question n° 14				
Question n° 15				
Total				

Votre total général (réponses a + b + c + d) = ______

Résultats :

• ***Entre 31 et 45 points***

Vous avez une vision dynamique de la vie ! Vous préférez accroître vos qualités plutôt que corriger vos défauts et, ainsi, développer un véritable point fort : capacité à réaliser une performance constante, proche de la perfection dans une activité donnée. **La combinaison : talent + savoir + savoir-faire est une combinaison gagnante qui permet d'avancer.** Elle entraîne une amélioration significative de l'estime de soi et donc, de la confiance en soi. **Rien de mieux pour oser, avancer et accomplir !**

• ***Entre 16 et 30 points***

Vous avez une certaine idée de ce qu'est un talent et vous songez qu'au-delà des compétences et d'un savoir-faire se cache un « petit plus » capable de faire la différence dans certaines occasions et situations. Vous pensez que le talent est rare mais, à bien y réfléchir, la rareté ne serait-elle pas le talent employé à bon escient dans un contexte adéquat ?

Vous supposez que le talent se cantonne à une sphère unique. Pourquoi ne pas utiliser vos talents personnels dans la sphère professionnelle ? Et réciproquement ? N'est-il pas dommage de laisser en sommeil des gisements de qualités et de points forts ? Une réussite isolée, c'est bien. **Une réussite qui se répète, c'est quand même beaucoup mieux !**

• ***Entre 0 et 15 points***

Le talent, vous n'y croyez pas vraiment. Pour vous, « ça n'existe pas » ou bien, vous citez Mozart ou Picasso et vous ne vous sentez pas pleinement concerné(e)… Peut-être n'êtes-vous pas disposé(e), pour l'instant, à creuser cet aspect de votre personnalité car vous ne ressentez pas actuellement ce besoin de découverte sur vous-même.

Mais au fait, savez-vous bien ce que l'on entend par talent ? Sauriez-vous définir ce mot et lister ce que l'on peut accomplir lorsqu'on en a conscience ?

Une dernière question : Comment vous sentiriez-vous si vous décidiez de repousser vos limites pour vous développer et avancer vers ce que vous désirez ?

Comme les trains, un talent peut en cacher un autre.

Une définition pour mieux s'y retrouver

Talent :

Quelque chose qui vous connecte au plaisir, quelque chose d'inné, aisance à faire ce que déjà vous saviez faire enfant, éventuellement sous une autre forme.
Domaine pour lequel on est bon, aussi loin qu'on s'en souvienne !

Don, talent, chance, capacité, aptitude, compétence, réussite... Comment s'y retrouver ?

Le talent en cinq mots :
Pour savoir si l'on est en face d'un talent, c'est simple, il y a cinq composantes à prendre en compte.

Faisabilité
Facilité
Reproduction
Plaisir
Reconnaissance

Coloriez chacune des premières lettres de ces mots avec du rouge de préférence afin que ce soit plus « marquant ». L'essentiel est que vous les mémorisiez.

FFRPR

En abrégé, pour ceux qui aiment user de moyens mnémotechniques, il s'agit de retenir le sigle **FFRPR**. De quoi s'agit-il ?

- **Faisabilité :**

C'est quelque chose que j'ai toujours su faire. Ce n'est pas de l'acquis, mais de l'inné. Même développé ou découvert tardivement, ce talent est en moi.

- **Facilité :**

C'est quelque chose que je fais avec facilité. Quand je le fais, je le fais bien à chaque fois, aisément, facilement.

- **Reproduction :**

C'est quelque chose que je sais reproduire. Ce n'est pas une réussite isolée. Je peux en donner plusieurs exemples.

- **Plaisir :**

C'est quelque chose qui me donne du plaisir. Ce plaisir est lié à la facilité. L'effort que je peux avoir à faire ne

« mange » pas toute mon énergie. Quand je le fais, je n'ai pas de doutes, mais au contraire, de la satisfaction.

- **Reconnaissance** :

C'est quelque chose qui est reconnu par les autres. Mon talent dans un domaine précis signifie que j'ai une facilité dans ce domaine et que les autres la reconnaissent. « Ils disent de moi que... » Le talent est quelque chose de vu, de ressenti, d'entendu par les autres avec évidence.

Pour chaque talent que vous vous découvrirez, passez-les successivement au crible de ce sigle. Si, à chacune de ces cinq caractéristiques, votre réponse est « oui », alors **vous avez réellement affaire à un talent qui vous est propre.**

Découvrir vos talents présente plusieurs bénéfices :

- vous permettre de faire plus et mieux
- rester sur votre « zone de confort et de plaisir » pour un meilleur résultat
- savoir sur quoi vous appuyer sans crainte pour avancer
- accroitre votre confiance en vous

En un mot : faciliter votre vie au quotidien !

Qu'est-ce qui vous plaît ?

Première règle de base : Ne gaspillez pas toute votre énergie à vouloir améliorer vos points faibles ! **Apprenez plutôt à découvrir vos points forts pour vous y appuyer.**

Pour simplifier, disons que notre croyance de base, héritée de notre culture, se résume ainsi : **réussir sa vie, c'est traiter ses problèmes. Être intelligent, c'est avoir la capacité de les résoudre.**

Or, plus on se centre sur quelque chose, plus on attire du « plus » sur ce quelque chose. Quand on a un marteau, on voit des clous partout !

Et donc, plus on pense à quelque chose de négatif, plus on a du négatif. Songez à des souhaits comme « Je ne veux plus être dépendant(e) de la cigarette » ou « Je ne supporte plus ces 20 kg en trop ». Ils n'ont jamais vraiment aidé à cesser de fumer ou à maigrir et demeurent des souhaits, non pas des moteurs, car la pensée est centrée sur ce qui « ne va pas ». Il est plus intéressant et profitable (et agréable !) de prendre appui sur des ressources que de creuser des problèmes. **Il faut donc apprendre à voir ce qui va bien.**

Ci-après, notez 10 choses qui vous plaisent et que vous ne voulez pas changer. Par exemple, 1 : Écouter de la musique en voiture – 2 : Lire le journal en prenant mon petit-déjeuner – 3 : Me promener en forêt une fois par semaine, etc. N'entrez pas dans ce qui constitue les grandes motivations de votre existence ! Arrêtez-vous juste un instant sur les petites choses du quotidien qui vous plaisent. Cela va déjà vous permettre de vous reconnecter à vous-même et d'être plus conscient(e) de vos modes de fonctionnement.

1.

2.

3.

4.

5.

6.

7.

8.

9.

10.

Sur ces 10 choses, vous pouvez distinguer :

- ce qui ressort des « **rites d'apaisement** » ; ce qui vous fait plaisir au quotidien ou fréquemment et que vous n'avez pas envie de changer (mais le cas échéant, vous sauriez vous adapter) ;
- et ce qui ressort du « **niveau vital** » ; si vous en étiez privé(e), cela vous affecterait et vous placerait dans une zone d'inconfort particulièrement déplaisante.

Défauts, problèmes et points faibles

L'idée directrice de beaucoup de personnes est qu'**en creusant un défaut, on va développer une qualité**. Le modèle utilisé est celui des défauts avec, comme impératif, réparer ce qui ne va pas après l'avoir identifié.

Réfléchissez-y : vous est-il souvent arrivé de transformer un défaut en qualité ? Si oui, avec quel rapport énergie/résultat ? 50/50 ? 80/20 ?

Il faut bien reconnaître que cela se solde souvent par un échec. Autant (se) construire en développant ses points forts !

Cela étant, ça ne signifie pas qu'il ne faut rien tenter en terme d'amélioration et se dire : « Je n'y arrive pas, donc j'abandonne tout effort ! »

Première question à se poser : **ce point faible, au regard de ma vie, de ce que je veux, est-il indispensable ? important ? vital ? nécessaire ? sans intérêt ? inutile ?** etc.

S'il est inutile, ne vous focalisez plus dessus !

Un exemple : je veux perdre 5 kg. Cela fait dix ans que j'essaie... en vain. Je peux encore passer dix ans à fournir les mêmes efforts pour obtenir les mêmes non-résultats ! S'ils n'affectent pas mon équilibre de vie, eh bien, autant décider d'accepter ces kilos en trop et de vivre avec.

Votre point faible (ou défaut si vous préférez) est-il insupportable au point de vous empêcher vraiment de vivre. Ou bien songez-vous plutôt qu'il est gênant (ou qu'il vous ennuie) mais que vous pouvez composer avec ?

Choisissez vos combats : **celui contre soi-même mené pendant trop longtemps ne sert à rien et ne fait qu'accroître la mauvaise conscience ou une mauvaise estime de soi.**

Autre exemple. La timidité, à un certain niveau, s'appelle **discrétion, réserve, retenue** et n'affecte guère vos relations sociales. À un autre niveau, elle devient un handicap, empêchant d'évoluer agréablement et nous plaçant parfois dans des situations pénibles comme la honte, le sentiment d'être ridicule, l'obligation de subir, etc.

Notez dans le tableau qui suit sur une échelle de 1 à 10 où vous en êtes de vos résultats par rapport à vos efforts.

Si vous en êtes à 2, est-il utile, bon et intelligent de vouloir atteindre le niveau 10 ? Ne faut-il pas d'abord viser le niveau 4 ou 5 ? Si vous y parvenez, ce sera votre victoire qui, sans doute, vous est accessible, nécessaire et **suffisante**.

Soyez bienveillant(e) envers vous-même. Complimentez-vous de ce que vous accomplissez. Même si cela vous paraît peu par rapport à ce que vous voudriez.

À mi-parcours, quel est votre premier réflexe ? Regarder le but final et vous dire, découragé(e) : « Pfff ! Encore tout ça à faire ! » ou regarder le point de départ et vous dire, satisfait(e) : « Wahou ! Déjà tout ça ! » ?

Et pourquoi ne pas regarder le but final en vous disant, enthousiaste : « Génial ! Je m'en rapproche ! »

Il y a mille manières possibles d'interpréter une situation. Quelle est celle qui vous convient le mieux ? Celle dont vous avez l'habitude ou celle que vous aimeriez avoir, qui vous doperait ?

« **Qui veut gravir une montagne commence par le bas.** »

Confucius

Ne cherchez pas la « perfection » ! Dès que votre point faible n'est plus handicapant, vous avez atteint votre objectif. Cela est amplement suffisant et **gardez votre énergie pour développer ensuite vos points forts.**

Ne cherchez que 5 points faibles. Cela est amplement suffisant et évite de culpabiliser ! Ce seront donc les points faibles qui vous sont les plus gênants (en considérant que les autres, eh bien on peut vivre avec !)

Quels sont vos points faibles ?	**Comment les jugez-vous ?**	**Sur une échelle de 1 à 10, à combien estimez-vous vos résultats ?**	**Sur une échelle de 1 à 10, quels résultats voudriez-vous éventuellement atteindre ?**
1.			
2.			
3.			
4.			
5.			

Vous aurez une progression plus rapide, à titre professionnel ou personnel, dans les domaines où vos meilleurs talents sont déjà révélés plutôt que dans ceux où vous rencontrez des difficultés. L'important n'est pas de rendre forts les points faibles, mais de se mettre suffisamment à niveau pour qu'ils n'affectent pas les points forts. Posez-vous donc, pour vos points faibles, la question du **critère d'utilité** : est-il ou non utile et nécessaire de les améliorer ? En fonction de quoi, précisément ?

Plutôt que d'apprendre de nouvelles compétences, il est parfois très utile de prendre conscience des activités qui vous ont mis dans votre meilleur niveau d'énergie et d'essayer de les réitérer. (Puisqu'elles vous sont positives !) Mais encore faut-il savoir quelles sont précisément ces activités. Listez vos 5 meilleures performances ou vos 5 accomplissements ou réalisations qui vous ont donné vos plus grandes fiertés. Pour chacune d'elles, notez en 1 mot ou 2 ce que vous avez ressenti, éprouvé, là où vous avez été bien et efficient.

Vos 5 meilleures performances	1.	2.	3.	4.	5.
Quel était votre niveau d'énergie ?					
Quel était votre état mental ?					
Étiez-vous calme, détendu mentalement ET physiquement ?					
Étiez-vous confiant dans ce que vous faisiez ?					
Avez-vous été satisfait du résultat ?					
Aimeriez-vous recommencer ?					

Une histoire d'aigle

Voici une petite histoire connue qui nous ressemble tant, parfois !

Selon une légende indienne, un fermier trouva un jour un œuf d'aigle qu'il déposa dans le poulailler. Une poule accepta de le couver et, peu après, l'aiglon vit le jour au milieu d'une portée de poussins. Il grandit avec eux.

Toute sa vie, il resta à la ferme et fit ce qu'une poule fait normalement : chercher des insectes, picorer des graines, se disputer (un peu) avec ses congénères, supporter l'humeur ombrageuse du coq, trembler de peur quand rode un renard et, le soir, rentrer dormir au poulailler. Comme une poule, il caquetait et engraissait tranquillement et quand il volait, c'était dans un nuage de plumes sur quelques mètres à peine. Après tout, c'est ainsi que les poules sont censées voler !

Les années passèrent, identiques, tranquilles et monotones. Et l'aigle devint vieux, très vieux. Un jour, une grande ombre passa au-dessus de lui, lentement. Surpris, il leva la tête et vit un oiseau magnifique et majestueux planer dans un ciel superbe, profitant avec grâce des courants ascendants, sans bouger ses ailes dorées.

- Quel oiseau splendide ! dit-il admiratif à ses voisines. Qu'est-ce que c'est ?

- C'est un aigle, le roi des oiseaux, caqueta une congénère en continuant de picorer. Mais ne rêve pas, tu n'es qu'une poule et tu ne seras jamais un aigle !

- Dommage ! soupira-t-il en songeant avec envie à cet oiseau admirable.

Puis vint le jour où il mourut en pensant avec regret qu'il n'était rien d'autre qu'une poule.

Vous arrive-t-il de penser ainsi ?

N'avez-vous jamais pensé que vous pourriez être un aigle ?

Que vous en êtes un ?

Et si le fait de découvrir vos talents vous permettait de passer de l'état de poule à celui d'aigle, qu'en penseriez-vous ?

Selon vous, qu'imaginez-vous ne pas savoir faire ?	Que se passerait-il si vous saviez le faire ?	Êtes-vous vraiment certain(e) de ne pas savoir le faire ?
		Oui ☐ Non ☐ Peut-être ☐
		Oui ☐ Non ☐ Peut-être ☐
		Oui ☐ Non ☐ Peut-être ☐
		Oui ☐ Non ☐ Peut-être ☐
		Oui ☐ Non ☐ Peut-être ☐

Connaissez-vous vos savoir-faire ?

Allons un pas plus loin... Vous avez déterminé les choses qui vous plaisent. Maintenant, déterminez celles que vous aimez faire car vous savez qu'il s'agit là de réalisations que vous faites bien, que cela vous est facile et que l'on vous en reconnaît la bonne exécution, voire une excellente maîtrise.

C'est le genre d'activités pour lesquelles quelqu'un vous dit : « Wahou ! Génial ce que tu fais ! » Et vous avez envie de répondre : « Ben... Tout le monde peut le faire. » Eh bien non ! Pour vous, c'est facile, c'est évident. Pour un autre, c'est plus difficile, plus complexe, plus fatiguant. Vous avez là quelque chose qui finalement vous distingue. Un talent ? Cela se pourrait bien !

Vous allez ainsi affiner la liste de vos savoir-faire qui eux-mêmes vont vous diriger vers vos talents. Faites autant de tableaux qu'il y a de domaines (professionnel, personnel, relations...) Cherchez en 5, cela suffit. Si vous en trouvez davantage, parfait mais n'oubliez pas qu'il vaut mieux quelques talents connus et utilisés qu'une multitude laissée à l'abandon.

Domaine :	
Qu'est-ce que j'aime faire ? ça me procure vraiment du plaisir et je n'ai pas de doute quant à ma capacité à faire.	
Qu'est ce je fais vraiment bien, avec beaucoup de facilité ? cela me parait évident, j'ai toujours su le faire et chaque fois que je le fais, le résultat est (très) satisfaisant.	

Qu'est ce qui est reconnu par les autres ? ma facilité fait que les autres disent souvent de moi : « Toi, tu es .... »	

Comment savoir si l'on a du talent ?

En déclarant : « Je suis naturellement doué(e) dans ce domaine… », vous reconnaissez être capable de reproduire telle ou telle chose. De ce fait, vous pouvez vous faire confiance. Est-ce de la vantardise ? Non, seulement une composante de votre individualité : telle taille, telle couleur d'yeux et tel talent. Retournez dans le passé ! Souvent, on caractérise un enfant par un mot : « Toi, tu étais vraiment un intrépide » ou « un sacré bricoleur » !

<u>Cherchez ce que l'on pouvait dire de positif de vous.</u> Si on vous qualifiait d'enfant boudeur ou colérique, ce n'est certes pas l'idéal. Mais peut-être disait-on également de vous que vous étiez un(e) enfant sensible ou passionné(e) ?

Aussi loin que vous puissiez vous en souvenir, que faisiez-vous vraiment bien enfant ? Sur quoi, avec quoi, dans quelle situation ?	
Durant cette période, que disait-on de vous ? Pour quoi étiez-vous reconnu(e) ?	

Centrez-vous maintenant sur le présent. Contactez deux ou trois de vos amis en leur disant : « Je fais un exercice. Peux-tu me dire en quelques mots ce que tu apprécies chez moi ? » Insistez bien sur les quelques mots seulement. Faites en sorte que vos amis soient précis. Dire : « Tu es quelqu'un de sympathique » est trop vague. En revanche, affirmer que « Tu as le sens de l'écoute » est plus précis.

Quels sont les points forts et talents relevés par trois de vos amis qui vous connaissent bien et vous apprécient ?	
Comment ces trois mêmes personnes vous définiraient-elles ou vous présenteraient-elles en quelques mots ?	

Grâce à cet exercice, vous bénéficierez d'un avantage supplémentaire : vous allez accroître votre confiance en vous en découvrant ce que les autres apprécient en vous et que vous n'avez peut-être jamais osé demander !

Parmi ces réponses, vous trouverez des points communs. Ils sont aussi ce qui vous constitue. Reportez-les sur votre cahier pour en garder une trace. Il y aura des circonstances dans votre vie où vous verrez combien c'est agréable de relire cela !

Le visage hilare ci-dessous, c'est vous. Illustrez-le en remplissant chaque bulle. Par exemple, « Pour Pierre, je suis… Pour Paul, je suis…, etc.

Et vous-même, que pensez-vous de vous ?

En élaborant l'échelle résumant votre vie, vous avez noté quelques points qui reviennent de manière récurrente. Ce sont VOS réussites.

Réussite (Définition du Larousse 2008)
n.f.
1. Résultat favorable, succès.
2. Entreprise, action, œuvre qui connaît le succès.

Si vous cherchez vos ressources et vos points forts, vous les trouverez et vous avancerez. Si vous cherchez vos insuffisances et vos points faibles, vous les trouverez également et vous vous limiterez !

Aujourd'hui, quelles qualités pensez-vous avoir dans votre vie, tous domaines confondus ?
Faites une liste de cinq qualités au moins ! Si vous en avez davantage, ajoutez-les !

1.

2.

3.

4.

5.

Vous avez du mal à les discerner ? Alors vite, un pas de plus et voyons ce que vous savez bien faire, facilement. Que ce soit dans votre vie professionnelle, dans votre vie personnelle, vos loisirs, il y a des situations dans lesquelles vous apprenez vite, où vous êtes à l'aise, où les « choses » vous paraissent faciles. ***Notez-en une dizaine.***

1.	**6.**
2.	**7.**
3.	**8.**

4.	9.
5.	10.

Parfois, on n'ose pas affirmer ses qualités. On se dit que tout le monde y arrive. Tout le monde, vraiment ? Même si c'était vrai, où est le problème, puisque c'est de vous dont il s'agit ici ?

N'oubliez pas que votre naissance a été votre première victoire. En effet, la personne que vous êtes est tout simplement le seul spermatozoïde gagnant d'une course effrénée et mortelle avec quelques dizaines de millions d'autres !

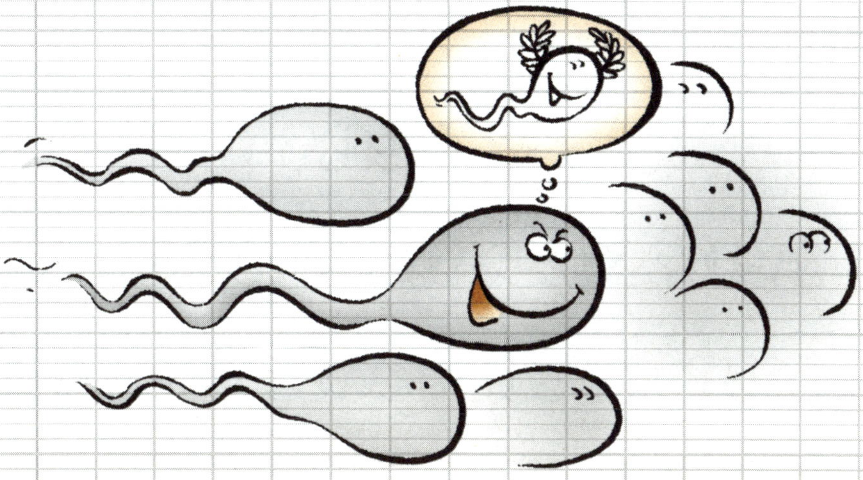

« *Qui veut faire quelque chose trouve un moyen, qui ne veut rien faire trouve une excuse.* »

Proverbe arabe

Et maintenant, imaginez que l'on vous demande de vous présenter, de vous caractériser en un mot ou une phrase. Que diriez-vous ?

Prenez un crayon de couleur et coloriez l'intérieur des lettres suivantes :

Les gens qui réussissent s'appuient sur leurs points forts.

Vos talents à vous ?

Continuons notre exploration. Un institut de grande renommée, l'Institut Gallup, a interviewé des centaines de cadres et de managers et a ainsi obtenu une liste de talents constatés en entreprise. Nous nous en sommes largement inspiré pour dresser la liste ci-après. Elle n'est pas limitative. Elle est un guide à compléter par d'autres talents que vous vous reconnaissez sans vous cantonner à la seule sphère professionnelle.

Lisez-la attentivement et, chaque fois que vous vous reconnaissez, cochez le talent qui vous correspond.

Petite précision : aucun mot employé n'est un jugement de valeur. Attachez-vous au sens qu'il recouvre.

☐ **L'hyperactif :**
Il a toujours besoin de faire quelque chose pour créer, avancer, « booster » les autres. Il excelle dans le lancement. « OK, on y va quand ? »

☐ **Le flexible :**
Tout en souplesse et adaptation, il accueille facilement l'imprévu même si les choses se passent autrement que ce qui était programmé.

☐ **Le structuré :**
Spécifique, ayant le sens du détail, il décompose ses projets en étapes et mini-objectifs. Il a besoin d'évoluer dans un univers prévisible pour bâtir ses projets.

☐ **Le vérificateur :**
Analyste, logique et rationnel, il aime les faits et veut la preuve de ce que l'on avance. Il prend son temps et vérifie. On dit de lui qu'il est fiable.

☐ **Le précis :**
Une fois sa décision prise, il reste centré sur l'objectif et y met toute son énergie jusqu'à ce qu'il soit atteint. On peut le comparer à une torpille ou un laser.

☐ **L'organisateur :**
Il fonctionne en multitâches et gère plusieurs variables en même temps pour optimiser le résultat.

☐ **Le leadership :**
Il sait et aime commander, donner des directives, prendre les situations en main. La confrontation, pour lui, n'est pas un problème.

☐ **L'enthousiaste :**
Il voit le verre à moitié plein et le bon côté d'une situation, mais avec lucidité. Il excelle pour recadrer et mettre en lumière ce qui est positif.

☐ **Le responsable :**
Son sens de la responsabilité et des valeurs fait qu'il ne promet et ne s'engage que s'il le peut. Honnêteté, intégrité et loyauté sont les fondements de sa réputation.

☐ **Le communiquant :**
Comme un conteur, il fait passer un message en le rendant captivant. Il met de la forme sans se contenter d'énoncer les faits.

☐ **Le convainquant :**
Il sait convaincre les autres, les rallier à son point de vue, séduire et « vendre »…

☐ **Le rassembleur :**
Générant un haut niveau de confiance, il sait intégrer les gens dans un groupe, fédérer et fidéliser.

☐ **Le négociateur :**
Il établit des relations de partenariat et met en œuvre sa créativité pour envisager des situations selon des points de vue différents en générant de l'harmonie autour de lui.

☐ **L'empathique :**
Il sait se mettre à la place de l'autre et ressentir ce qu'il ressent tout en gardant la distance nécessaire pour ne pas être « envahi » par ses émotions.

☐ **Le compétiteur :**
Il compare son niveau de performance à celui des autres et a besoin de cela pour avoir énergie et motivation. Comme son objectif est d'être le meilleur, il parvient à faire toujours plus et mieux.

☐ **Le révélateur de talents :**
Détectant le potentiel autour de lui, il sait voir ce qui est unique et spécifique chez l'autre afin de l'épauler et de l'aider à évoluer.

☐ **L'optimisateur :**
Il « sait » où est le gisement. Il trouve les opportunités, fonctionne avec son « flair » et tire le meilleur parti d'un système pour faire encore mieux avec ce qui marche déjà bien.

☐ **Le visionnaire :**
Il capte les courants et détecte avant les autres ce qui va arriver. Souvent pionnier, il a une forte vision du futur.

☐ **Le créatif :**
Abordant le monde avec des yeux neufs, il aime jongler avec les idées et les concepts : « Comment cela se passerait-il si… et puis si… ou si… »

☐ **Le stratège :**
Trouvant rapidement les options possibles en fonction de son but et de la situation présente, il sait poser un diagnostic fiable et choisir les meilleurs angles d'approche.

☐ **Le collectionneur :**
Avec une curiosité en éveil, il aime apprendre et engranger de l'information. « Cela peut toujours servir ! » Mais il ne cherche pas forcément à développer une expertise dans un domaine précis.

☐ **L'intellectuel :**
Parfois coupé de ses émotions, il aime creuser, décortiquer, approfondir et ne reste pas à la surface des choses.

☐ **Le résilient :**
Convaincu qu'il rebondira toujours, la critique n'entame pas son assurance et sa confiance en lui. Il ressemble au chat retombant sur ses pattes.

Soyez réaliste et concret(ète) !

Vous n'avez coché aucun talent ? Vous vous sous-estimez (beaucoup) ou vous avez parcouru la liste sans être assez attentif(ve). Sauriez-vous en dégager d'autres ?
Par exemple, le **réparateur** a le goût de réparer ce qui est cassé. Précis et objectif, il trouve des solutions pour tout réparer. Quant au **facilitateur**, il ne cherche pas le compromis mais toujours un consensus où chacun est gagnant.

Vous les avez tous cochés ? Vous vous surestimez (beaucoup) ou vous avez parcouru la liste sans être assez attentif(ve) ! Il importe d'être réaliste et concret(ète) pour ne pas rester dans le rêve, le souhait ou l'intention, et savoir distinguer ce que vous êtes et ce que vous voudriez être.
Pour chaque talent coché, demandez-vous quelles sont les preuves que vous pouvez apporter. Il s'agit de trouver **des** preuves.
Si vous avez excellé dans un domaine une seule fois, c'est une réussite isolée. Parfait, mais ce n'est pas à proprement parlé un talent, plutôt une performance dans un contexte spécifique (qui recèle peut-être un talent !).
Demandez-vous si, ***habituellement***, vous possédez ces talents et passez-les au crible en apportant au moins deux ou trois preuves.

Une preuve, c'est tout simplement un fait précis et une date. Une preuve, ça répond juste à ces 3 questions : C'était Quoi ? C'était Où ? C'était Quand ?

Mes talents	Mes preuves

*Votre liste a probablement diminué, c'est normal. Il ne s'agit pas de remporter la palme de celui qui a le plus de talents, mais de déterminer quels sont **les VÔTRES**.*

Vos vrais talents

Poussons plus loin notre sélection !

À tous les talents retenus – c'est-à-dire ceux où vous avez donné deux preuves au moins, concrètes et réelles – appliquez un deuxième crible en vous demandant si vous répondez « oui » pour chacun des mots du sigle FFRPR. Si vous cochez « oui » à chaque fois, alors c'est bien un talent ! Le cas échéant, ne le jetez pas aux oubliettes ! Peut-être est-il utile de le conserver quelque part et de voir si vous pouvez le développer et vous en servir.

Mes talents	Faisabilité	Facilité	Reproduction	Plaisir	Reconnaissance
	Oui ☐ Non ☐	Oui ☐ Non ☐	Oui ☐ Non ☐	Oui ☐ Non ☐	Oui ☐ Non ☐
	Oui ☐ Non ☐	Oui ☐ Non ☐	Oui ☐ Non ☐	Oui ☐ Non ☐	Oui ☐ Non ☐
	Oui ☐ Non ☐	Oui ☐ Non ☐	Oui ☐ Non ☐	Oui ☐ Non ☐	Oui ☐ Non ☐
	Oui ☐ Non ☐	Oui ☐ Non ☐	Oui ☐ Non ☐	Oui ☐ Non ☐	Oui ☐ Non ☐
	Oui ☐ Non ☐	Oui ☐ Non ☐	Oui ☐ Non ☐	Oui ☐ Non ☐	Oui ☐ Non ☐
	Oui ☐ Non ☐	Oui ☐ Non ☐	Oui ☐ Non ☐	Oui ☐ Non ☐	Oui ☐ Non ☐
	Oui ☐ Non ☐	Oui ☐ Non ☐	Oui ☐ Non ☐	Oui ☐ Non ☐	Oui ☐ Non ☐
	Oui ☐ Non ☐	Oui ☐ Non ☐	Oui ☐ Non ☐	Oui ☐ Non ☐	Oui ☐ Non ☐
	Oui ☐ Non ☐	Oui ☐ Non ☐	Oui ☐ Non ☐	Oui ☐ Non ☐	Oui ☐ Non ☐
	Oui ☐ Non ☐	Oui ☐ Non ☐	Oui ☐ Non ☐	Oui ☐ Non ☐	Oui ☐ Non ☐

À présent, vous savez quels sont les talents que vous possédez. Il vaut mieux en avoir deux ou trois dont on est pleinement conscient et que l'on peut réellement et régulièrement utiliser, plutôt que d'en avoir toute une liste laissée à l'abandon.

Si vous n'en avez qu'un seul, c'est mieux que rien, mais avez-vous suffisamment exploré vos qualités intrinsèques ? Si vous en trouvez 14 ou 15, posez-vous pour chacun ces questions :

- **En quoi est-ce un talent ?**
- **Comment est-ce que je l'exprime ?**
- **Est-ce que les autres me le reconnaissent ?**

Souvenez-vous : le but est de savoir sur quoi vous appuyer pour faire davantage et mieux avec une consommation d'énergie particulièrement raisonnable.

Le talent s'amenuise si l'on ne s'en sert pas !

Écrivez dans la bulle ci-contre ceux que vous avez conservés :

L'apprentissage au service de votre talent

Toute évolution d'une personne passe nécessairement par un apprentissage (cognitif ou comportemental ou les deux).

« **Qui veut devenir dragon doit d'abord manger beaucoup de petits serpents.** »

Proverbe chinois

Il y a quatre stades :

- On est d'abord **inconscient de son incompétence.**
  Le nouveau-né n'ayant jamais marché n'a pas d'idée de la marche, il ne sait donc pas qu'il ne sait pas marcher.
- Puis **conscient de son incompétence.**
  Je souhaite conduire une voiture mais, ne l'ayant jamais fait, je sais que je n'en suis pas capable. La difficulté vient souvent de la fausse équation que je peux faire entre « Je ne sais pas » et « Je ne saurai pas ».
- Après la période d'apprentissage, on est **conscient de sa compétence.**
  Je sais que je sais faire, mais cela me demande effort et concentration.
- Enfin, on devient **inconscient de sa compétence** grâce à la pratique et à l'expérience.
  Je conduis ma voiture avec aisance, change les vitesses sans y penser et peux en même temps écouter la radio ou discuter avec mes passagers. Ma compétence est devenue inconsciente : je ne réfléchis plus aux gestes à effectuer pour parvenir au résultat. J'ai une réelle aptitude à organiser et à mettre en oeuvre l'ensemble de mes savoirs et savoir-faire, avec naturel, voire avec élégance.

L'apprentissage fait passer d'une incompétence dont on n'a pas conscience à une compétence dont on n'a plus conscience.

Pour parvenir du premier stade au dernier, j'ai essentiellement usé d'acquis : savoir et savoir-faire. Si j'y ajoute un talent, alors je vais plus vite, plus loin et plus facilement.

Listez ce que vous pouvez faire

Le dernier stade où l'on est inconscient de sa compétence pose une difficulté : nous ne savons pas que nous savons, comme le poisson dans l'eau ignore qu'il sait nager ! C'est là que le rôle du **success partner** (conjoint, patron, ami, coach...) devient important pour vous révéler :

- soit ce que vous avez en plus ou en mieux par rapport aux autres et qui fait la différence,
- soit ce que vous avez et ne voyez pas, mais peut vous aider à avancer.

Pourquoi savoir ce que l'on sait faire ?

Tout d'abord pour se mettre en confiance. Pour agir, il est en effet essentiel d'avoir confiance dans :

- ce que l'on a,
- ce que l'on est,
- ce que l'on sait faire,
- et ce que l'on va faire.

Ensuite, pour savoir ce sur quoi on peut s'appuyer pour avancer et découvrir toutes les ressources dont on dispose. Avant d'entreprendre une action importante, **listez ce qui est nécessaire ET ce dont vous disposez pour y parvenir**.

Vos talents sont un cadeau. Si vous les laissez en friche, il ne se passera rien et vos points faibles auront alors l'espace suffisant pour se répandre.

Prendre soin de vous, c'est aussi prendre soin de vos talents !

En vous appuyant sur vos talents principaux, qu'est ce que vous avez envie d'améliorer ?

Domaine	Qu'est ce que ce serait, concrètement ?	Pourquoi en avez-vous envie ?
du faire	J'ai envie de faire …………………………………….	J'ai envie parce que…………… …………………………………………….
de l'être	J'ai envie d'être………… …………………………………….	J'ai envie parce que…………… …………………………………………….
de l'avoir	J'ai envie d'avoir………… …………………………………….	J'ai envie parce que…………… …………………………………………….

Sachez avec précision ce que vous voulez !

Déterminez avec précision ce que vous voulez, ce qui vous plaît et vous motive, afin de vous concentrer sur vos atouts et vos vraies forces. Cela commence par une clarification de vos besoins.

Lorsque l'on veut changer pour s'améliorer et faire davantage, c'est que l'on a un objectif en vue qui tend à satisfaire un besoin que l'on a et qui n'est pas satisfait. Pourquoi ? Parce que nous sommes tout simplement des êtres de besoins. On peut vouloir « plus de quelque chose qui nous plaît et nous fait envie » ou bien « moins de quelque chose qui ne nous plaît pas et dont on ne veut plus ». Cela peut être d'ordre affectif, physique, matériel, spirituel ou intellectuel.

L'une des raisons qui nous pousse à vouloir les satisfaire, c'est qu'on en retire du plaisir et que l'on a une disposition naturelle à tendre vers le plaisir plutôt que vers le déplaisir. Mais encore faut-il que quelque chose nous pousse à les satisfaire telle **la motivation**.

La motivation pour un individu, c'est l'énergie qui l'anime.

Mettre à jour l'essence de vos rêves (d'enfance et d'adulte) vous indique le style de vie que vous désirez adopter et la personne que vous désirez devenir. Ce sont là les clés de votre objectif de vie. Identifier vos besoins, c'est d'abord vous demander :

- Que voulais-je autrefois ?
- De quoi ai-je besoin aujourd'hui ?

Enfant, que voulais-je devenir ?

<u>Répondez aux trois questions suivantes comme si vous étiez encore cet enfant :</u>

Quand je serai grand(e), j'aurai...

Quand je serai grand(e), je ferai...

Quand je serai grand(e), je serai...

Adulte, qu'est-ce que je souhaiterais ?

Pour chaque réponse, demandez-vous ce que cela vous apporterait si vous aviez ou faisiez cela ? Vous allez ainsi mettre à jour ce que vous souhaitez à différents niveaux et en clarifier les raisons.

Questions	Réponses	Qu'est-ce que cela m'apporterait si j'avais ou faisais cela ?
Si je n'avais pas à travailler pour gagner ma vie, qu'aimerais-je faire ?		
Si je gagnais au loto, quel montant maximum me comblerait ?	Par exemple, la somme permettant de rembourser mon crédit immobilier.	Par exemple, une tranquillité financière me permettant de me consacrer à un autre projet.
Si une fée exauçait mon vœu et me donnait ce que je souhaite en quantité illimitée, quel serait-il ?		
Que me faudrait-il pour que mon besoin personnel essentiel soit pleinement satisfait de manière permanente ?		

« *Celui qui a un pourquoi dans la vie peut supporter tous les comment.* »

Friedrich Nietzsche

Identifiez vos critères de satisfaction

Ce qui nous animait quand on était un enfant demeure dans nos valeurs d'aujourd'hui. Nous avons évolué et nous nous sommes adaptés mais, souvent, la force qui nous animait perdure. Mettre à jour ce que l'on aimait ou pas permet d'établir la corrélation avec nos besoins et de mieux préciser :

- ce sur quoi il ne nous est pas possible de faire l'impasse,
- et ce que l'on peut accepter de ne plus avoir le cas échéant (et dont on peut se passer).

Remontez aussi loin que possible dans le passé et listez ce que vous aimiez et détestiez, puis donnez-en les raisons :

Ce que j'aimais :	Parce que :
– – –	– – –
Ce que je détestais :	**Parce que :**
– – –	– – –

Situez-vous maintenant dans le présent et opérez une hiérarchisation en trois groupes :

Ce qui est non négociable pour moi	Ce que je souhaite mais que j'accepte de ne pas avoir (partiellement ou ponctuellement)	Ce qui relève d'un niveau de confort
Par exemple, être sous le joug d'un supérieur surveillant et dictant chacun de mes actes sans me laisser la moindre autonomie.	*Par exemple, souhaiter travailler en toute sympathie avec mes collègues même s'il y a parfois des frictions.*	*Par exemple, être reconnu(e) dans mon travail par des gens qui me font confiance, afin de m'épanouir et développer mes compétences.*

Quel lien y a-t-il entre ce que vous aimiez ou détestiez enfant et ce que vous classez à présent en tant qu'adulte ? Rappelez-vous l'exercice où vous avez noté les 10 choses qui vous plaisent et que vous ne voulez pas changer. Retrouvez-vous ici des similitudes ? Des différences ? Une évolution ?
Vous savez donc maintenant de quoi vous avez besoin et ce qui vous plaît. Voyez-vous une corrélation entre les deux ?

Comment utiliser vos talents

Agir dans la bonne direction, c'est mettre ses talents au service de ses objectifs. Désormais, les connaissant, vous savez que vous disposez là d'une énergie inépuisable qui ouvre le chemin de l'action. Mais qu'allez-vous en faire ?
Il vous faut au préalable déterminer ce que vous voulez atteindre. À quelles attentes répond votre projet professionnel ? Souhaitez-vous vous épanouir dans votre travail ? Ou bien être reconnu(e) pour vos performances ? Ou encore continuer à apprendre ?
De même pour votre projet personnel : attendez-vous de meilleures relations avec votre famille ou avec quelqu'un de précis ? Souhaitez-vous bâtir ce qui vous tient à coeur ?

Ensuite, demandez-vous quel est le point commun aux réponses données aux deux questions :

- De quoi ai-je besoin pour atteindre cet objectif ?
- De quoi est-ce que je dispose ?

Ou, autrement dit, qu'est-ce que vous voulez et quelles ressources pouvez-vous utiliser pour y arriver ?

Ce n'est pas le talent qui détermine l'objectif, c'est l'atteinte de l'objectif qui est facilitée par l'utilisation du talent.

Le talent tout seul ne suffit pas, il faut le cultiver. Ce n'est pas parce qu'on est bon dans un domaine qu'on est bon sur tous les points de ce même domaine. Le talent est au service de l'objectif, c'est le socle sur lequel vous prenez appui pour prendre votre essor.

En complétant le tableau suivant, vous aurez une idée claire de ce que vous souhaitez et de la manière d'y accéder.

Questions	Domaine personnel (couple, famille)	Domaine professionnel	Domaine social et relationnel
Qu'est-ce que j'aime ?			
Qu'est-ce que je n'aime pas ?			
Qu'aimerais-je améliorer, développer (et qui dépend de moi) ?			
En ai-je envie ? Ou est-ce nécessaire ? Une obligation ?			
Qu'est-ce que je vais faire ? Quelle est ma stratégie ?			
Puis-je y parvenir seul(e) ? Ai-je besoin de l'aide (de l'appui) de quelqu'un ? Si oui, de qui ?			
Quels sont les obstacles que je peux rencontrer ?			
Quels sont les ressources et les talents dont je dispose ?			
Qu'ai-je prévu pour me féliciter (me récompenser) quand j'aurai réussi ?			
Quand cet objectif doit-il être atteint ? Et quand vais-je commencer ?			

Le talent, c'est le bonus de vos capacités existantes.

Se mettre en action

Vos talents ne s'usent que si vous ne vous en servez pas. Alors, utilisez-les sans compter et bâtissez votre vie dans un cercle de réussite :

Le cercle vertueux de la réussite

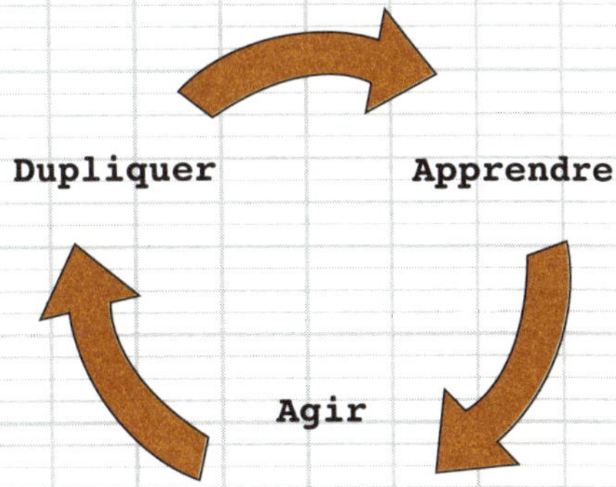

Apprendre, c'est prendre conscience de... De quoi ? De vos talents (l'inné) qui, augmentés de vos savoirs et savoir-faire (l'acquis est à développer constamment) constituent vos points forts.

Ces points forts vous font passer au deuxième stade : **agir**. Vous vous mettez en action.

Puis vous **dupliquez** le mode de fonctionnement ainsi identifié. Cela vous offre l'occasion d'accroître votre **apprentissage** et ainsi de suite. Vous enrichirez donc ainsi vos connaissances.

Petite précision : deux variables ne figurent pas dans ce schéma, à savoir :

– le temps.
C'est la première chose à donner et à se donner pour réussir. Combien de temps êtes-vous prêt(e) à donner, à investir pour apprendre, agir, etc. ?

– le plaisir.
Le plaisir à faire quelque chose en augmente considérablement sa facilité.

« *Un jour en vaut trois pour qui fait chaque chose en son temps.* »

Proverbe chinois

À vous d'illustrer cet aphorisme !

Nos croyances et nous

Une croyance est ce que nous admettons comme vrai sans l'avoir vérifié. Comme on ne peut pas tout vérifier, on utilise des mécanismes comme la généralisation. Sans nos croyances, la « réalité » serait comme un gruyère, c'est-à-dire pleine de trous !

Utiles et rassurantes pour avoir une représentation compacte de ce que nous pensons être la réalité, elles sont des lunettes nous faisant voir le monde sous un certain prisme : net ou flou, plutôt rose ou plutôt noir... Certaines nous limitent, d'autres nous aident. En effet, nos comportements agissent sur nos croyances et inversement.

Mettez-en à jour quelques-unes :

Situations Je crois que.../Je pense que...	**Pour quelles raisons ?** Parce que...
Deux choses que je désire fortement : – –	
Deux choses dont je ne veux absolument pas : – –	
Deux choses difficiles pour d'autres, mais faciles pour moi : – –	
Deux qualités que je me reconnais : – –	

À vos devises !

Face à un imprévu ou à une situation qui vous paraît difficile, votre première réaction est plutôt :

- Ce n'est pas possible !
- C'est difficile !
- Je n'y arriverai jamais !
- Qui ne tente rien n'a rien !

- Où est le problème ?
- Quand est-ce qu'on commence ?
- Ou votre expression favorite : ...

Si, dans votre travail ou votre vie quotidienne, vous aviez une devise, ce serait plutôt :

- Continuons comme ça !
- Ne changeons rien !
- Réfléchissons-y autrement !
- Changeons tout !
- Allons-y !
- Ou votre propre devise : ...

Face à un imprévu ou à une situation qui vous paraît difficile, quel serait votre visage ?

Lequel vous plaît le plus ?
Pour quelle raison ?

La recette miracle de la réussite

En cadeau, voici une recette délicieuse à garder au fond de la poche et à ressortir régulièrement, et même à apprendre pour l'enseigner ensuite à quelqu'un d'autre, comme un cadeau que vous lui feriez. Comme toute recette, il s'agit de lui ajouter votre touche personnelle, vos propres épices, elle n'en sera que meilleure ! Elle ne nécessite à la base que les sept ingrédients suivants :

La recette miracle de la réussite

Un grand jet de clarté et un gros soupçon de discernement.
Une énorme rasade de tolérance envers soi-même.
Une bonne dose d'humour.
De la passion en vrac.
De la confiance en soi en quantité illimitée.
Une très grosse louche de connaissance de ses capacités.
De très grandes pincées de plaisir et de satisfaction.

Pourquoi chercher ses talents ?

Nous aurions pu démarrer ce petit cahier d'exercices par cette question. Eh bien, c'est par elle que nous le terminerons après avoir cherché ensemble vos besoins, vos qualités, vos savoir-faire, vos désirs, vos réussites et vos talents.

C'est **la combinaison talent + savoir + savoir-faire** qui permet de construire un point fort sur lequel prendre appui.

Comme un alpiniste s'appuie sur son piolet pour gravir une montagne. Le talent est le point déterminant.

Pourquoi chercher ses talents ? En voici quelques raisons qui résument l'ensemble des points abordés :

- **Se mettre en confiance.**

Agir, c'est avoir confiance dans ce que l'on a, ce que l'on est, ce que l'on sait faire et ce que l'on va faire. Le talent permet de savoir sur quoi on peut s'appuyer pour avancer.

- **Atteindre ses objectifs.**

Le talent ne détermine pas l'objectif, c'est l'atteinte de l'objectif qui est facilitée par l'utilisation du talent. Le talent est au service de l'objectif.

- **Augmenter ses défis.**

L'intérêt d'un talent, c'est de faire plus et mieux avec... davantage de facilité ! Et de le transposer dans différents domaines. Un talent ne se cantonne pas à une sphère unique.

- **Augmenter les défis des autres.**

Mon risque n'est pas dans l'inexistence ou dans l'absence de talents. Ma chance se situe dans mon aptitude à faire émerger et se développer les talents des autres. Chacun possède au moins un talent pour faire plus et mieux.

- **Développer ce que l'on est.**

La rareté n'est pas le talent lui-même mais le talent employé à bon escient, dans le bon contexte. Mon talent se développe si je lui permets de se développer.

- **Savoir utiliser ses réussites.**

Nous avons tous, un jour, réussi quelque chose. Il est important d'apprendre de nos erreurs, mais c'est grâce à nos succès que nous progressons, ils contribuent à accroître nos capacités.

- **Réussir ce que l'on fait en ayant du plaisir.**

Ce n'est pas le litre de sueur dépensé qui doit être récompensé mais le résultat atteint et autant l'atteindre avec le sourire plutôt qu'en souffrant ! (cette raison est sans doute la plus importante de toutes !)

Nous l'avons souligné, s'appuyer sur ses points forts est une étape essentielle pour réussir ses projets. Cela donne du sens, met en lumière, donne de l'énergie, rend les choses simples et faciles et permet de viser l'excellence.

Répertoriez chacun de vos succès. Ce sont eux qui vous font ou feront progresser.

Vous avez réussi votre projet de vie !

Nous sommes 5 ans plus tard.

Un livre vient d'être écrit sur vous par un journaliste de talent pour relater votre parcours et ce que vous avez accompli.

Quel en est le titre (et, éventuellement, le sous-titre) ?

....

À quoi ressemble la couverture ?

Qu'est ce qu'on y voit ? Pouvez-vous la dessiner ? Ou la figurer à partir de montages, de collages ou autres ?

La 4e de couverture

C'est la dernière page extérieure d'un livre avec un court résumé : uniquement l'essentiel en une dizaine de lignes et une présentation de l'auteur en 3 à 4 lignes. C'est très souvent à l'auteur lui-même de l'écrire. Il se présente également en parlant de lui à la 3e personne.
La voici cette 4e de couverture :
à vous de l'écrire.

Titre :

Sous-titre :

L'ouvrage :

L'auteur :

Vos talents sont votre empreinte digitale, votre essence, en résumé, ce que vous êtes au meilleur de vous-même.

Achevé d'imprimer en mars 2015
sur les presses de la Nouvelle Imprimerie Laballery
58500 Clamecy
Dépôt légal : avril 2015
Numéro d'impression : 503308

Imprimé en France

La Nouvelle Imprimerie Laballery est titulaire de la marque Imprim'Vert®